HARI ULANG TAHUN HERBERT

Hari ulang tahun Herbert

(Herbert's Birthday)
by Jiro H. Situmorang and Terry T. Waltz
© 2017 by Terry T. Waltz
Published by Squid For Brains, Albany, NY USA

ISBN-13: 978-1-946626-17-2

Hari ini adalah hari ulang tahun Herbert.

Dia mau makan pizza.
Dia sangat suka pizza.

Herbert berada di New York.
Di New York ada Burger Queen.

Di Burger Queen ada burger, tetapi tidak ada pizza.

Herbert marah, karena dia tidak mau makan burger.

Dia mau makan pizza, karena hari ini adalah hari ulang tahunnya.

Teman Herbert mau Herbert makan daging ayam.

Ini adalah teman Herbert di Rome. Namanya Giuseppe.

Herbert suka makan daging ayam. Tapi hari ini dia tidak mau makan daging ayam.

Teman Herbert marah!

"Herbert, kenapa dia tidak mau makan daging ayam bersama-sama dengan saya?

Daging ayam enak! Apakah dia tidak suka makan daging ayam?"

"Saya suka makan daging ayam. Terima kasih!

Tapi hari ini adalah hari ulang tahunku. Saya mau makan pizza!"

Giuseppe marah! Dia marah, karena Herbert tidak mau makan daging ayam bersama-sama dengan dia.

Herbert menangis, karena temannya marah.

Tapi karena Herbert tidak makan daging ayam bersama-sama dengan temannya.

Herbert pergi ke Paris.
Herbert punya teman di Paris.

Teman yang berada di Paris mau Herbert makan croissants.

Pierre adalah nama teman Herbert yang berada di Paris.

Herbert suka makan croissants, tapi hari ini dia tidak mau makan croissants.

Teman Herbert marah!

"Herbert, kenapa kamu tidak mau makan croissant?"

Di Paris ada croissants yang enak! Apakah Herbert tidak suka?

"Saya sangat suka makan croissants. Terima kasih!

Tapi hari ini adalah hari ulang tahunku. Saya tidak mau makan croissants.

Saya mau makan pizza!"

Pierre sangat marah! Dia sangat marah, karena Herbert tidak mau makan croissants bersama-sama dengan dia.

Herbert menangis, karena temannya marah. Tapi Herbert tidak mau makan croissants bersama-sama dengan temannya.

Herbert pergi ke Hong Kong.

Herbert punya teman di Hong Kong. Namanya A-San.

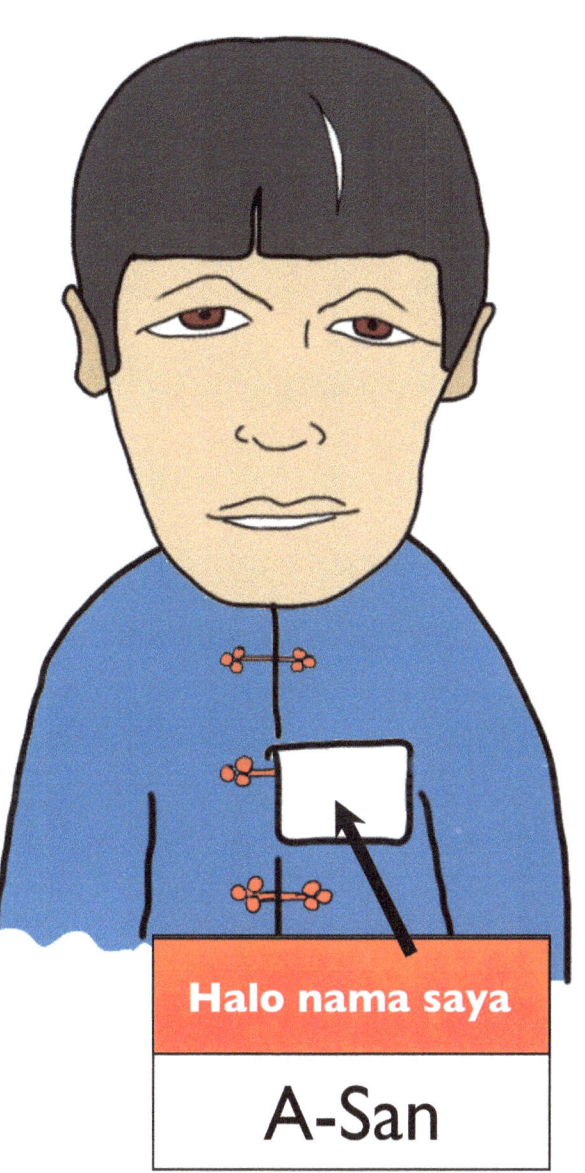

A-San mau Herbert makan dimsum. Herbert suka makan dimsum.

Pierre mengatakan kepada saya kalau Herbert tidak baik!

Teman Herbert sangat marah!

Herbert, kenapa kamu tidak mau makan dimsum bersama-sama dengan saya?

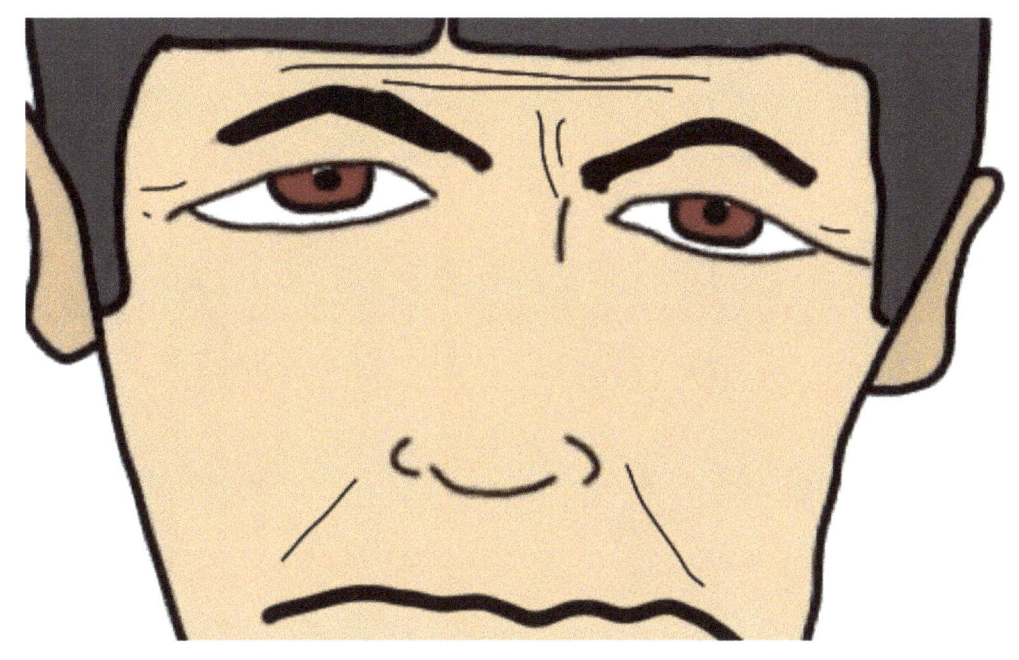

Apakah kamu tidak suka saya?"

"Saya sangat suka kamu.

Tapi hari ini adalah hari ulang tahunku.

Saya mau makan pizza!"

A-San sangat marah! Dia sangat marah, karena Herbert tidak mau makan dimsum bersama-sama dengan dia.

"Teman-temanku mau saya makan daging ayam, croissants dan dimsum, tapi saya mau makan pizza!"

Herbert sangat marah!
Dia pergi ke New York.

Burger Queen juga mau makan pizza!

Wendy McRonald the Burger Queen adalah teman Herbert di New York!

"Kami makan pizza! Selamat hari ulang tahun!"

www.ingramcontent.com/pod-product-compliance
Lightning Source LLC
Chambersburg PA
CBHW051249110526
44588CB00025B/2929